LES BASES DU YOGA

Bien démarrer sa pratique quotidienne

Par Annelyse Lemmens

50MINUTES.fr

Se muscle-t-on avec le yoga ?

Peut-on maigrir avec le yoga ?

POUR ALLER PLUS LOIN

LES BASES DU YOGA

- **Problématique ?** Aujourd'hui perçu comme une gymnastique douce centrée sur l'enchaînement de postures plus ou moins élaborées, ou encore comme une technique de méditation particulièrement prisée, le yoga est surtout une méthode centrée sur le bien-être du corps et de l'esprit. Au-delà de tous les clichés qui peuvent y être attachés, ce volume vous permettra d'acquérir une vision globale des fondements du yoga et, surtout, vous fournira un ensemble d'exercices afin de vous lancer dans cette discipline sans risques !
- **Objectif(s) ?** Découvrir la philosophie générale du yoga et vous initier à la bonne pratique d'un ensemble de postures parmi les plus courantes vous permettra de désamorcer votre stress, de développer votre bien-être ou encore de tonifier votre corps.
- **FAQ ?**
  - Dois-je avoir une bonne condition physique avant de commencer ?
  - Existe-t-il des contre-indications ?
  - À quelle fréquence peut-on pratiquer le yoga ?
  - Quels bénéfices puis-je attendre d'une pratique régulière ?
  - Comment puis-je savoir si la posture est correctement effectuée ?
  - Se muscle-t-on avec le yoga ?
  - Peut-on maigrir avec le yoga ?

Maux de tête, morosité, stress, insomnies, troubles diges-
tifs, maux de dos, douleurs articulaires… Qui n'a jamais
été confronté à ces petits « fléaux » du quotidien ? Sans
prétendre remplacer les éventuels traitements médicaux,
le yoga s'avère être un complément capable de faire toute
la différence.

Mis à la mode il y a déjà quelques années en Occident, le
yoga reste cependant une discipline assez « curieuse »
dans l'imaginaire collectif. Et pour cause ! Oscillant entre
gymnastique et méditation aux accents parfois mystiques,
présenté par ses adeptes (les *yogis*) comme une pratique
globale cherchant à unir corps et esprit, il nous est très
difficile de classer ce « phénomène ». Il permet en effet de
travailler en synergie l'esprit, le mental et le corps à travers
des exercices de méditation et de respiration, associés aux
fameuses postures (les *asanas*).

Ce livre propose un rapide tour d'horizon du sujet, depuis
ses origines jusqu'à ses multiples formes modernes, afin
d'en clarifier les fondements et les bénéfices. À travers une
présentation simple, vous pourrez découvrir les techniques
de base du yoga et vous y exercer librement avant de vous
lancer dans l'un des programmes les plus connus de cet univers : la fameuse « salutation au soleil ». Remise en forme,
connaissance de soi, équilibre émotionnel et esprit positif
garantis !

QU'EST-CE QUE LE YOGA ?

LES FONDEMENTS D'UNE PRATIQUE MILLÉNAIRE

Souvent abordé sous l'angle d'une technique de relaxation ou d'une gymnastique douce axée sur la connaissance du corps et l'écoute de soi, le yoga constitue en réalité une discipline bien plus complète grâce à laquelle l'être humain, dans ses aspects physique et psychique, (re)trouve une harmonie. En ce sens, le yoga s'apparente à une démarche de développement personnel permettant une meilleure prise conscience de ses sensations et de ses émotions. Rien d'étonnant, donc, à ce qu'il soit généralement défini comme une quête « du vrai moi », tant sur le plan corporel que mental et spirituel.

LE SAVIEZ-VOUS ?

En sanskrit, le mot *yoga*, de racine YUJ, possède une sémantique très large. S'il signifie généralement « union », il se rapporte également au joug, ainsi qu'à ses dérivés tels que méthode, technique, discipline. On comprend facilement pourquoi la méditation (comme maîtrise de la pensée), l'ascèse morale et le contrôle du corps sont au cœur de la pratique du yoga !

Si l'approche occidentale du yoga met bien souvent l'accent sur ses aspects corporels (à travers l'enchaînement de postures), il s'agit à l'origine d'un courant philosophique d'origine indienne. En effet, il s'inscrit dans la filiation des premiers textes sacrés hindous (les *Védas*), développés dans le Nord de l'Inde dès 1500 av. J.-C., ensuite expliqués et commentés sous forme d'épopées, de poèmes ou d'exposés philosophiques (les *Upanishad*). Ce n'est enfin qu'aux environs de 200 av. J.-C. que ces textes inspirent la définition de six systèmes philosophiques orthodoxes (les *Darshana*), dont le yoga.

Perpétuée par enseignement oral de génération en génération, « l'essence du yoga » fut progressivement mise par écrit et, selon la tradition hindoue, plus particulièrement codifiée par un certain Patañjali dans le *Yoga-sûtra*. Cette « bible » du yoga est en réalité un recueil de 195 aphorismes (les *sutras*) qui, plutôt que d'inviter à la pratique de postures définies, cherche à faire progresser le yogi dans sa transformation intérieure. Les quatre stades de cette transformation correspondent chacun à un niveau de conscience et de maîtrise accru du « moi intérieur ». Au-delà de toute conviction religieuse, le yoga cherche à nous reconnecter avec ce « moi » profond. Pour y parvenir, il nous invite à solliciter simultanément notre mental et notre corps, à prendre conscience de l'instant présent et à agir en accord avec nos besoins, nos intentions et nos valeurs. Ce retour à notre nature véritable s'accompagne, par équilibre, d'un renforcement général du corps, d'un apaisement du système nerveux ainsi que d'une capacité de concentration optimale.

Cherchant à dépasser les perturbations psychiques et prônant des valeurs universelles telles que le respect d'autrui, la paix et la non-violence, le yoga repose sur huit « piliers » majeurs (dits *Aṣṭaṅga Yoga*) : la pratique morale (*ama*), la rigueur dans la pratique (*niyama*), la stabilité mentale et corporelle (*asana*), la respiration (*praṇayama*), la distanciation (*pratyahara*), la concentration (*dharana*), la méditation (*dhyana*) et la contemplation (*samadhi*). On constate ainsi qu'au-delà des postures (les *asanas*), le yoga nous ouvre à la connaissance de notre personne sous tous ses aspects. Mieux encore, il constitue une véritable approche holistique grâce à laquelle il est possible de renforcer et d'harmoniser le duo corps-esprit ou encore d'aborder avec une plus grande sérénité les défis du quotidien moderne !

À VOS AGENDAS !

Depuis 2014, le 21 juin est institué « Journée internationale du yoga », ceci à l'initiative du Premier ministre indien Narendra Modi (né en 1950), lui-même fervent adepte de la discipline.

CHOISIR UNE « ÉCOLE DE YOGA » : PETIT TOUR D'HORIZON

Fort de son existence millénaire, le yoga n'échappe pourtant pas à l'effet de « dissémination » qu'entraîne une telle longévité ! Si tout un chacun reconnaît les principes fondamentaux qui en constituent le noyau, nombreux sont les accents, interprétations, voire même expériences différentes développés au cours des siècles.

Ainsi, on distingue actuellement cinq voies majeures de yoga traditionnel, auxquelles s'ajoutent des dizaines d'écoles dites « modernes ». En fonction de vos besoins et attentes, de votre intérêt pour le spirituel, la méditation ou l'exercice physique, il est donc possible d'opter pour l'un ou l'autre type de yoga. Une autre raison pour laquelle on choisit une école de yoga peut tenir en l'approche particulière proposée par un maître *yogi*. La présentation des principales écoles de yoga qui suit devrait vous aider à vous y retrouver.

Les voies traditionnelles de yoga

Le yoga compte cinq voies traditionnelles ; cependant, certaines d'entre elles sont peu pratiquées en Occident. C'est le cas par exemple des voies plus ouvertement orientées vers les aspects philosophiques et mystiques du yoga, comme le *Bhakti-Yoga*, le *Jnana-Yoga*, ou encore le *Karma-Yoga*. Le premier, dont le but est avant tout d'ordre spirituel, se pratique surtout à travers la prière, l'adoption d'un mode de vie plus ascétique et l'observation de certains principes hindous. Le second est quant à lui axé sur la « connaissance de l'univers » et cherche à y lier l'âme humaine. Le *Karma-Yoga*, enfin, est plus sensible au « présent ». Accordant une place plus importante à la méditation, il invite à l'action consciente, aide à faire des choix et à agir au quotidien avec désintérêt, sans se projeter dans le futur. Ces trois voies, aux accents peut-être plus mystiques, sont fréquemment associées au domaine du religieux, d'où leur ancrage dans une pratique plus individuelle du yoga.

Nous connaissons mieux les voies traditionnelles du yoga où le travail corporel est mis à l'honneur. Parmi celles-ci, une place de choix est réservée au *Hatha-Yoga*, essentiellement axé sur le travail des postures (*asanas*). Plutôt que de préconiser leur enchaînement, cette forme de yoga recommande leur maintien plusieurs minutes. Ceci demande certainement une importante maîtrise du corps et de la respiration, mais aussi une capacité de concentration mentale accrue. Les bénéfices du *Hatha-Yoga* sont doubles : la tonicité et la souplesse du corps, tout comme la diminution de l'anxiété et du stress.

Enfin, une voie médiane, quoiqu'au final plus exigeante, peut être trouvée dans la pratique de l'*Ashtanga-Yoga*, ou « yoga royal ». Codifié par le célèbre Patañjali, il regroupe en réalité les quatre autres types de yoga traditionnels. Il insiste ainsi tant sur la maîtrise du corps, de la respiration et des sens que sur l'effort de conscience de soi, de développement de l'intellect, de méditation et de concentration. Malgré la rigueur qu'il nécessite, il est encore l'une des formes les plus accessibles de yoga.

Quelques écoles modernes de yoga

Il existe sans doute autant d'écoles de yoga que de maîtres *yogi*. En fonction des tendances, des expériences ou encore des personnalités, divers courants ont vu le jour tels, dernièrement, le « Power-Yoga », une forme dynamique de yoga basée sur la pratique des *asanas* en salle chauffée ; le « Shadow-Yoga », une « méditation en mouvement », à la fois axée sur le mental et les mouvements fluides ; l'« Acroyoga », qui mêle acrobatie et yoga… jusqu'au « yoga du rire », dédié à la relaxation par le rire ! Autant de variantes qui illustrent l'incroyable potentiel du yoga.

Bien que certaines de ces écoles soient surtout le résultat d'un effet de mode, d'autres sont aujourd'hui pleinement reconnues et font l'objet de cours dispensés par un maître expérimenté. Parmi les plus connues, on compte le « Yoga Iyengar », du nom de son fondateur, B.K.S. Iyengar. Il s'agit d'un yoga axé sur les postures et la respiration, où l'on s'aide de divers accessoires : chaises, cordes, blocs en bois… Il est ainsi possible d'effectuer plus facilement certaines postures, ce qui fait du « Yoga Iyengar » un type de yoga accessible à tous.

Plus spécialement axé sur la méditation, le *Sivananda-Yoga*, fondé dans les années 1960, insiste sur la respiration et la relaxation tout au long des exercices et postures. Cette école est un choix judicieux pour quiconque souhaite développer la pensée positive. Dans une mouvance similaire, on compte également le *Satyananda-Yoga*. Inventée par Swami Satyananda Sarawati (1923-2009), cette approche se présente avant tout comme une adaptation des formes de yoga traditionnel à notre mode de vie moderne. Elle s'appuie sur les postures et la respiration tout en mettant l'accent sur la concentration et la méditation afin de « soigner » le mental et de se débarrasser de toute anxiété.

À l'autre extrême, on trouve un ensemble d'écoles préférant une approche plus dynamique du yoga. Le *Vinyasa-Yoga*, par exemple, s'effectue tout en mouvement. Son principe est de fondre l'ensemble des postures en un seul et même mouvement, dans une recherche de fluidité et d'ajustement précis. Plus controversé, le *Bikram-Yoga* prévoit quant à lui l'enchaînement des 26 postures traditionnelles du yoga ainsi que divers exercices de respiration dans une salle chauffée à 40 degrés... Un véritable challenge qui nécessite une bonne condition physique préalable !

LES FONDAMENTAUX

L'équipement

Nul besoin d'un équipement particulier pour vous lancer dans l'aventure du yoga ! On peut le pratiquer partout et à tout moment. Tout ce dont vous avez besoin est une tenue décontractée qui permette un mouvement libre. Laissez vos pieds nus, afin de stimuler les terminaisons nerveuses qui s'y trouvent. Généralement, on utilise comme seul « outil » un tapis de yoga. On en trouve en différents matériaux (natte, PVC...) et couleurs, ainsi qu'à des prix fort variables ; l'important est surtout de veiller à ses capacités « amortissantes ». Enfin, vous pouvez aussi, si vous le désirez, utiliser des accessoires (blocs en bois, coussins, cordes) pour certains exercices.

La méditation

La méditation est certainement l'un des points essentiels du yoga, particulièrement mis en avant dans les *Yoga-sutras* de Patañjali. Contrairement aux idées reçues, elle ne consiste pas en un exercice philosophique élaboré, mais plutôt en un travail de purification de l'esprit. Parce qu'il n'est pas toujours facile de se concentrer et de lâcher prise, on propose souvent en début de séance de pratiquer des *mantras* : il s'agit de répéter des sons à haute voix (le fameux OM, par exemple) afin de nous aider à réguler nos émotions, développer nos facultés de concentration et surtout nous vider l'esprit. Si certaines personnes y sont réticentes, la pratique des *mantras* s'avère pourtant très efficace !

EXERCEZ-VOUS

Pendant quelques instants, fermez les yeux et essayez de vous détacher de vos pensées, de les laisser aller et venir sans vous y attarder. Ceci n'est pas toujours facile, surtout après une journée bien remplie.

Réessayez ensuite après avoir vocalisé plusieurs sons, le fameux mantra OM ou plus simplement le son M, en vous concentrant sur la vibration de vos cordes vocales. Vous n'avez plus qu'à profiter de l'apaisement que cet exercice procure !

La respiration

L'un des autres aspects fondamentaux du yoga est le travail sur la respiration. Celle-ci vise l'élimination de tout « blocage » entre inspiration (*prana*) et expiration (*apana*). Ce principe s'avère particulièrement parlant lors de postures dans lesquelles la cage thoracique est comprimée, ou quand la mobilisation de certains muscles rend la respiration malaisée. Dans ces cas de figure, une bonne maîtrise des différents types de respiration, thoracique et abdominale, s'avère très utile.

EXERCEZ-VOUS

Si les concepts de respirations thoracique et abdominale ne vous sont pas familiers, faites cet exercice. Placez vos mains de part et d'autre de vos côtes et serrez vos abdominaux. Sans bouger ceux-ci, inspirez : vos mains et vos côtes vont s'écarter afin de laisser entrer l'air. Il s'agit de la respiration thoracique.

Immobilisez ensuite vos côtes en appuyant sur vos mains. Pour inspirer, il vous faudra relâcher vos abdominaux et faire « sortir » votre ventre. Il s'agit de la respiration abdominale.

Il s'agit de faire preuve de concentration et de présence à l'instant afin d'équilibrer et d'adapter ces deux formes de respiration dans chacune des positions. Une règle générale veut que cet équilibre soit garanti par la mobilité constante du diaphragme, cette membrane qui maintient et sépare les organes thoraciques des viscères, situés au niveau du ventre. Le meilleur moyen d'y parvenir est de constamment chercher à « se grandir », à allonger au mieux sa colonne vertébrale dans chacun des mouvements.

Les postures

Les postures (*asanas*) incarnent l'élément le plus caractéristique du yoga dans nos esprits occidentaux. Exécutées plus ou moins lentement, maintenues pendant quelques minutes ou plutôt enchaînées de façon fluide, elles se font toujours « en conscience », d'où l'importance des étapes de méditation et de respiration. Au niveau corporel, elles permettent d'améliorer la flexibilité des articulations et le renforcement des muscles, tout spécialement les muscles dits « profonds », situés au plus près du squelette. Parallèlement, les postures permettent un drainage et un massage des organes, d'où une régulation de leur activité. Renforcé, le corps accède ainsi à un véritable bien-être à la fois physique et mental dans la mesure où les mouvements, effectués en douceur, permettent souvent de nous libérer de certaines peurs, de jugements négatifs ou d'un manque de confiance en nos capacités.

QUELQUES POSTURES DE BASE

Dans cette section, vous trouverez un ensemble de postures simples mais fondamentales pour vous lancer. De façon générale, la philosophie du yoga préconise des principes de progression et non de perfection. N'essayez donc pas, si vous êtes novice, de réaliser la posture parfaite dès vos débuts ! L'important est de développer la connaissance de votre propre corps, de ses capacités comme de ses limites. Retenez qu'un inconfort est acceptable, voire même recherché, ce qui n'est en revanche pas le cas de la douleur.

Inspirées de la traditionnelle « salutation au soleil », les postures qui vont suivre peuvent s'effectuer sous la forme d'exercices isolés, au moins dans un premier temps, pour ensuite devenir un véritable enchaînement. Dans ce cas, effectuez deux fois l'ensemble des postures proposées dans l'ordre croissant puis décroissant.

LA POSTURE DE LA MONTAGNE (*TADASANA*)

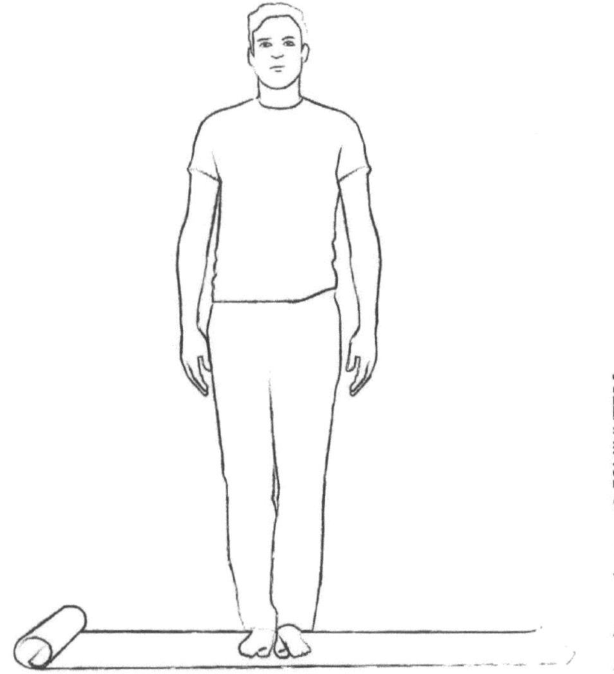

Si cette posture peut sembler anodine, elle est cependant fondamentale.

Posez les pieds à plat au sol, parallèles et écartés à la largeur du bassin. Sans déplacer les pieds, veillez à la tonicité de vos jambes en contractant imperceptiblement vos muscles, et serrez légèrement vos abdominaux. Étirez alors votre colonne et essayez de vous grandir, comme si un fil placé au sommet de votre tête vous élevait. Attention, il ne s'agit pas d'annuler les courbes naturelles du dos, mais bien de placer celui-ci en position d'équilibre. Veillez à bien détendre vos épaules et à ouvrir le torse. Vous pouvez laisser vos bras le long du corps ou joindre vos mains à hauteur de la poitrine.

Si vous choisissez de maintenir la posture quelques instants, vous pouvez en profiter pour développer votre concentration et prendre conscience du travail effectué par les muscles posturaux. Les yeux fermés, balancez-vous imperceptiblement d'avant en arrière et de gauche à droite. Prenez alors conscience du contact entre vos pieds et le sol, et du travail de vos muscles. Maintenant que vous êtes en état de « conscience », tentez de rester immobile. Cela peut s'avérer plus difficile qu'il n'y paraît !

Très simple, cette posture stimule la circulation sanguine grâce au travail des pieds et des jambes. L'ouverture de la cage thoracique vous permet également de respirer librement. Vous maîtrisez cette *asana* ? Si vous êtes sensible aux voies du yoga mettant à l'honneur la méditation, pourquoi ne pas profiter de ce moment pour vous y ouvrir ? Afin de chasser toute pensée parasite et vous donner l'occasion de vous centrer sur votre corps, vous pouvez par exemple partir de la proposition suivante : « Rien de durable ne peut être bâti sur des bases branlantes. »

LA PINCE DEBOUT (*UTTANASANA*)

La posture de la pince debout est assez simple à faire, à condition toutefois de prendre certaines précautions. En effet, on a souvent tendance à l'assimiler à un simple étirement des ischio-jambiers (les muscles à l'arrière des cuisses), comme on peut en faire en aérobic par exemple, alors qu'il s'agit également d'un exercice de détente pour la colonne.

Pour entrer dans la posture, partez d'une position debout (*Tadasana* par exemple) et pliez votre corps au niveau des hanches. Le dos doit rester plat jusqu'à former un angle droit avec les jambes ; poussez les fesses en arrière pour vous aider à garder l'équilibre. À partir de ce moment, pliez légèrement les genoux (si vous manquez de souplesse, n'hésitez pas à les plier franchement). Placez vos mains sur le sol ou à l'arrière des genoux et descendez votre buste jusqu'à ce que votre ventre vienne se poser contre vos cuisses. Vos épaules arrivent alors en dessous du niveau de vos hanches. Laissez agir la pesanteur, adoptez une respiration thoracique naturelle et veillez à garder vos épaules toniques : ce sont les muscles du dos qui doivent se détendre. Si vous avez peur que vos épaules « s'affaissent », n'hésitez pas à poser vos mains sur les jambes plutôt qu'au sol.

Cette posture a pour intérêt majeur d'étirer à la fois vos jambes et votre colonne vertébrale. Tout en travaillant votre souplesse, elle préserve votre colonne en favorisant une bonne irrigation sanguine dans les espaces intervertébraux.

LA POSTURE DU GUERRIER (*VIRABHADRASANA*)

Voici une posture à l'allure plus acrobatique qui ne manquera pas de mettre à l'épreuve votre sens de l'équilibre !

Pour vous placer, partez d'une position pieds parallèles, écartés de la largeur du bassin. Faites un grand pas en arrière en ouvrant votre pied arrière vers l'extérieur ; il forme ainsi un angle droit avec celui placé à l'avant. Pliez le genou avant afin de former, à nouveau, un angle droit entre votre jambe et votre cuisse. Veillez à bien garder le bassin orienté vers l'avant. Pour vous aider, avancez la hanche du côté de la jambe arrière et reculez légèrement celle du côté de la jambe avant. Étirez votre buste vers le haut tout en rentrant le nombril. Gardez les épaules basses, placez vos mains paume contre paume et levez lentement les bras au-dessus de votre tête tout en suivant le mouvement du regard. À tout moment, votre respiration doit être libre.

LE SAVIEZ-VOUS ?

De nombreuses *asanas* tirent leur nom de figures mythologiques. Dans le cas de la posture du guerrier, Virabhadra est le nom de l'un des fils nés de la chevelure de Shiva. Divinité destructrice de l'ego, Virabhadra invite avant tout à méditer sur notre humilité.

Grâce à cette posture, la colonne entre en extension et se tonifie, tout comme les muscles du haut du corps. Les muscles des jambes sont également mobilisés et travaillent « en étirement ». Les différentes articulations gagnent, à terme, en flexibilité.

LA POSTURE DE LA PLANCHE (*KUMBHAKASANA DANDASANA*)

La posture de la planche, relativement secondaire dans le yoga, est pourtant un tonique de premier choix ainsi qu'une position propice à la concentration.

Pour entrer dans cette *asana*, vous pouvez partir soit d'une position de type « quatre pattes », soit en étant allongé au sol. Dans le premier cas, tendez les jambes en maintenant la poitrine et les épaules directement au-dessus des mains. Les épaules et les bras doivent être dans le même axe. Si vous partez d'une position allongée, placez les mains de part et d'autre des épaules et poussez sur vos bras tout en tendant les jambes. Les mains et les pieds sont solidement ancrés au sol. Contractez vos abdominaux et baissez les fesses. La planche doit permettre à votre corps de former une belle ligne droite. Fixez votre regard droit devant vous et respirez profondément plusieurs fois.

Pour aller plus loin, passez dans la posture de *Chaturanga Dandasana* : en pliant les bras, approchez le corps du sol sans le toucher. Si vous souhaitez tonifier vos bras (notamment les triceps), veillez bien à garder les coudes près du corps ; pour une action sur les pectoraux, laissez les coudes s'écarter du corps.

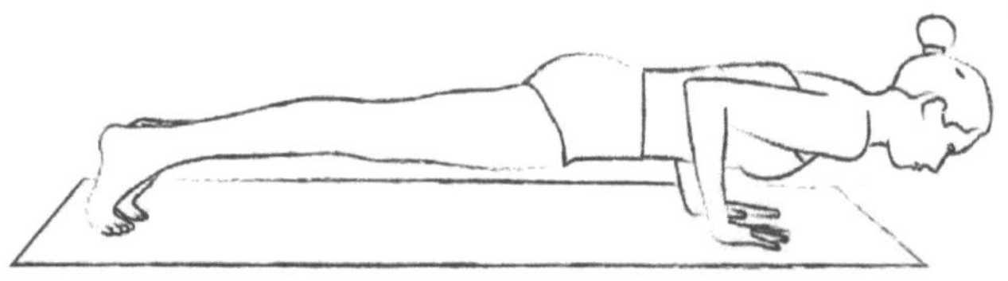

Les bases du yoga © 50MINUTES.fr

Cette posture permet d'allonger et de tonifier la colonne vertébrale. Elle contribue également à raffermir les bras, les épaules, les abdominaux, les fesses ainsi que les cuisses. Véritable moteur du développement de la force musculaire, elle amincit et active le tonus corporel tout en développant la concentration.

LA POSTURE DU SPHINX
(*ARDHA BHUJANGASANA*)

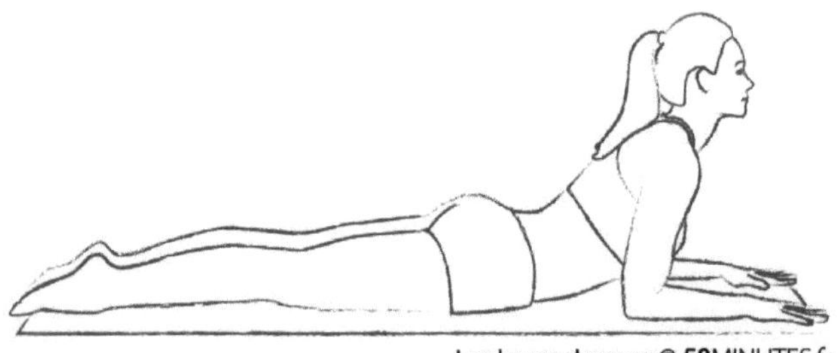

Les bases du yoga © 50MINUTES.fr

Une posture axée sur la détente, facile à faire quoique nécessitant quelques précautions !

Pour entrer dans la posture, partez d'une position allongée sur le ventre, le dos des pieds sur le sol, écartés de la largeur du bassin. Posez votre front sur le sol puis vos mains de part et d'autre de votre tête, les paumes à plat. Relâchez votre corps puis décollez votre tête, vos épaules et votre poitrine du sol en vous appuyant sur les avant-bras, jusqu'à ce que les coudes arrivent à l'aplomb des épaules. Veillez bien à garder la tête haute et le bas du dos détendu. Regardez vers le haut. Respirez lentement et concentrez-vous sur les parties du corps qui ne travaillent pas : bassin, jambes, pieds.

PETIT PLUS

Pour ne pas descendre la tête entre les épaules, allongez votre colonne en avançant légèrement votre poitrine et

Si vous êtes à l'aise dans la posture du sphinx, vous pouvez la faire évoluer vers la posture du cobra (*Bhujangasana*) : plutôt que de vous appuyer sur les avant-bras, prenez appui sur les mains, le creux des coudes bien orientés vers le corps. Cherchez au maximum à descendre le bassin afin de répartir la courbure de la colonne sur toute sa longueur.

Cette posture permet une extension assez forte de la colonne. Elle permet d'assouplir et de renforcer le dos, d'en réduire les douleurs… ou de les accentuer si elle n'est pas correctement effectuée ! Aussi, si vous souffrez de douleurs lombaires, évitez cette *asana*. Dans tous les cas, cherchez un certain confort dans la position. Le sphinx comme le cobra possèdent en outre un effet stimulant sur les organes vitaux.

LA POSTURE DU CHIEN TÊTE EN BAS (*ADHO MUKHA SVANASANA*)

Grâce à cette posture un peu plus avancée, vous pourrez vous préparer aux inversions !

Pour vous placer correctement, partez d'une position à « quatre pattes » et venez appuyer vos fessiers sur vos talons tout en étirant au maximum les bras vers l'avant, de manière à allonger votre buste. En prenant appui sur vos orteils, étendez vos jambes en poussant vos hanches vers le haut et en rentrant vos genoux, ceci en gardant les mains bien au sol et les bras tendus. En élevant au mieux les fessiers, poussez les paumes dans le sol tout en inspirant. Veillez à garder votre dos bien droit et à placer les épaules dans le prolongement des bras. Les doigts sont alors écartés afin de garantir un appui optimal. Idéalement, les talons sont au sol mais, si votre souplesse ne vous le permet pas, pliez légèrement les genoux plutôt que de trop forcer. Les bras et les jambes exercent alors une pression égale au sol. Allongez votre dos, placez votre tête entre vos bras et travaillez votre respiration abdominale.

Cette posture est parfaite pour tonifier l'ensemble du corps en faisant tout particulièrement travailler les hanches et le bassin. La position semi-inversée favorise l'irrigation sanguine en direction du cerveau et ralentit le rythme cardiaque. Elle a donc un effet apaisant.

COMMENT PRATIQUER RÉGULIÈREMENT ?

Vous vous êtes décidé à pratiquer le yoga ? Très bien ! Gardez bien à l'esprit qu'il s'agit avant tout d'une pratique globale dont les bénéfices ne se révèlent que progressivement. Afin de tenir dans la durée, efforcez-vous de garder un équilibre entre les temps d'effort et de relaxation.

Plutôt que d'apporter trop d'importance aux exercices physiques, prenez le temps de vous accorder des périodes de méditation car, plus qu'une gymnastique, le yoga est un état d'esprit global, destiné à vous assurer un bien-être tant physique qu'émotionnel ou mental.

Maximiser votre confort lorsque vous préparez votre séance : des vêtements agréables, un tapis suffisamment épais, des coussins pour vous aider... mais aussi une plage horaire adaptée afin de pouvoir vous concentrer en toute sérénité sur le déroulement de vos exercices. Ainsi, mieux vaut choisir un moment éloigné du dernier repas pris, afin de démarrer le ventre vide. Vous pouvez pratiquer le matin pour un effet maximal sur la souplesse et une capacité de concentration accrue. Le soir, après une bonne journée de travail, c'est surtout l'effet relaxant du yoga qui prendra tout son sens. N'hésitez pas à écouter vos envies : ouvrez la fenêtre, tamisez l'ambiance ou programmez de la musique relaxante ; tout est permis !

Pendant les postures, n'oubliez pas de respirer lentement mais profondément. L'air doit circuler dans vos poumons et non y rester bloqué. S'il ne vous est plus possible de respirer pendant une *asana*, c'est que vous forcez trop !

Enfin, retenez ces trois maîtres mots d'une bonne pratique yogique : maîtrise, modération, régularité.

FAQ

DOIS-JE AVOIR UNE BONNE CONDITION PHYSIQUE AVANT DE COMMENCER ?

De façon générale, on peut dire que non, il n'est pas nécessaire d'avoir une condition physique particulière pour pratiquer le yoga. Une erreur classique est de croire qu'il est nécessaire d'être (très) souple pour débuter. Au contraire, la pratique du yoga permet d'améliorer sa souplesse, peu importe son niveau initial. Le travail sur la justesse des placements, le respect de ses limites et la conscience de ses possibilités sont essentiels dans le yoga, lequel vise, rappelons-le, la progression plutôt que la perfection.

> Je pratique le yoga tous les matins, entre 10 et 20 minutes. Cela me permet de mieux me centrer avant ma journée. Je sais que pour certains, le yoga peut être un sport en soi, très physique, où l'on cherche à repousser les limites de son corps. De mon côté, je préfère mettre l'accent sur le travail d'étirements et de méditation. Peut-être qu'avec le temps, j'évoluerai vers une approche plus physique, qui sait ? (Sabrina, 34 ans)

EXISTE-T-IL DES CONTRE-INDICATIONS ?

Le yoga est une pratique accessible à tous, et à tous les âges. Dans la plupart des cas, il est possible d'adapter les postures afin de ne pas trop solliciter l'une ou l'autre partie du corps. Certaines asanas, comme celle du sphinx par exemple, sont en revanche déconseillées en cas de pathologies (ici lombaires) mais, comme toujours, le respect de ses limites constitue le premier indicateur à suivre.

À QUELLE FRÉQUENCE PEUT-ON PRATIQUER LE YOGA ?

Tous les jours, à tout moment, si le cœur vous en dit ! En tant que philosophie de vie, il est d'ailleurs recommandé de pratiquer le yoga quotidiennement. Toutefois, nul besoin de vous mettre une pression inutile, car cela nuirait à votre motivation. Fixez-vous plutôt une fréquence qui vous convienne, deux ou trois fois par semaine par exemple, et n'hésitez pas à augmenter la cadence par la suite.

QUELS BÉNÉFICES PUIS-JE ATTENDRE D'UNE PRATIQUE RÉGULIÈRE ?

Les bénéfices du yoga ne sont pas forcément immédiats. À la fin d'une séance, vous ressentirez certainement une sensation de bien-être corporel, tout comme une impression de détente intense : vous vous sentirez comme vidé de toute tension ! Avec le temps, vous apprendrez à écouter de mieux en mieux votre corps et à l'appréhender avec plus de bienveillance. Après un an de pratique, on admet généralement une amélioration durable de la souplesse, du maintien du dos et de l'amplitude des articulations. À long terme, le yoga favorise le mieux-être physique et psychologique.

J'ai commencé le yoga il y a trois ans, en même temps que mes études en littérature. Au début, je pensais qu'il s'agirait seulement de moments de relaxation mais, rapidement, j'ai gagné en souplesse. Au fil des années, je dirais même que mon corps s'est peu à peu raffermi. Sentir mon corps travailler me permet de créer un bel équilibre avec mon cursus. (Aude, 21 ans)

COMMENT PUIS-JE SAVOIR SI LA POSTURE EST CORRECTEMENT EFFECTUÉE ?

Pour chacune des postures, l'indicateur premier d'une bonne pratique sera la respiration : elle doit pouvoir rester fluide. Vous pouvez également vous aider de vos sensations : une posture est très souvent inconfortable, elle vous invite à dépasser vos limites tout en les respectant. En aucun cas vous ne devez ressentir de douleur.

SE MUSCLE-T-ON AVEC LE YOGA ?

Développer sa musculature n'est certainement pas le but premier du yoga. Pourtant, vous pourrez constater qu'une pratique régulière tonifie globalement le corps. À la différence des disciplines sportives courantes, le yoga permet de développer les muscles dits posturaux, soit les muscles profonds, situés au plus près du squelette. Plutôt que de se développer en volume, le muscle tend à s'étirer et se délier, d'où un effet sculptant sur la silhouette.

PEUT-ON MAIGRIR AVEC LE YOGA ?

La perte de poids n'est pas l'objectif principal du yoga. Cependant, l'esprit général qu'il prône peut avoir un effet réel sur votre poids. La présence à soi et l'attention donnée au moment présent permettent d'abord de fortifier son mental : le fait d'être plus posé, en harmonie et en conscience avec ses émotions vous aide par exemple à mieux traverser les périodes de stress, ceci sans compenser par du grignotage. Par ailleurs, la pratique d'exercices posturaux permet de remodeler la silhouette, d'éliminer les toxines et de se libérer des tensions. Plus fondamentalement, le yoga invite à une attitude de respect et de bienveillance envers tout ce qui nous entoure, ainsi qu'à une implication de notre conscience dans chacun de nos actes. Cette invitation à un mode de vie plus sain et plus respectueux peut conduire, effectivement, à une perte de poids.

POUR ALLER PLUS LOIN

SOURCES BIBLIOGRAPHIQUES

- ANDERSON (Sandra) et SOVIK (Rolf), *Le yoga. Maitriser les postures de base*, Paris, Éditions de l'Homme, 2002.
- BROWN (Christina), *5 minutes réflexe/yoga*, Paris, Trédaniel, 2009.
- GASQUET (Bernadette de) et BOUTELOUP (Jean-Paul), *Yoga sans dégâts*, Paris, Marabout, 2015.
- KAMINOFF (Leslie) et MATTHEWS (Amy), *Yoga : anatomie et mouvements. Un guide illustré des postures, mouvements et techniques respiratoires*, Paris, Vigot, 2015.
- PATANJALI, *Yoga-sutras*, Paris, Albin Michel, 1994.

SOURCES COMPLÉMENTAIRES

- CLEMENCEAU (Jean-Pierre), *Je fais le loir, le cobra et la rainette. 50 exercices de yoga pour les enfants*, Paris, Albin Michel, 2015.
- COUDRON (Lionel), *Mieux vivre par le yoga*, Paris, J'ai lu, 2010.
- IYENGAR (B.K.S.), *Sagesse et pratique du yoga*, Paris, Le Courrier du Livre, 2014.

Éditeur responsable : Lemaitre Publishing
Avenue de la Couronne 382 | BE-1050 Bruxelles
info@lemaitre-editions.com

ISBN ebook : 978-2-8062-9771-6
ISBN papier : 978-2-8062-9772-3
Dépôt légal : D/2017/12603/286
Photo de couverture : © Syda Productions – Fotolia.com

Conception numérique : Primento,
le partenaire numérique des éditeurs.